Marie-Hélène



# La Cuisine du Périgord

Sauf mention contraire les photographies sont de l'auteur

Éditions Jean-Paul Gisserot
www.editions-gisserot.eu

Sarlat-la-Caneda, Dordogne.
Photo de Gilles Marchand

# Magret aux pruneaux

Ingrédients
pour une dizaine de personnes :
1 magret séché ou fumé
Une vingtaine de pruneaux
Piques en bois

Préchauffer le four en position grill.
Trancher le magret en fines tranches et en ôter le gras.
Enrouler les tranches de magret autour des pruneaux, et maintenir avec un petit pique en bois.
Passer sous le grill une à deux minutes.
Servir aussitôt.

# Magret séché

Préparation : 5 minutes
Séchage : 20 jours

Ingrédients :
1 magret de canard
50 g de gros sel
Poivre

Badigeonner le magret de gros sel.
Le laisser reposer au frais pendant 12 heures.
Ôter l'excès de sel, et poivrer le magret.
Emballer le magret dans un linge ou dans de la gaze, et conserver au frais une vingtaine de jours avant de consommer.
Se déguste en fines tranches, en salade ou à l'apéritif.

Préparation : 5 minutes
Cuisson : 25 minutes
Attente : 2 heures

Ingrédients
pour 6 personnes :
150 g de cerneaux de noix
Huile de noix
10 g de sel
1 g de piment d'Espelette
2 g de curry
1 pincée de cannelle

# Noix aux épices

Préchauffer le four à 140°C.
Étaler les cerneaux de noix sur la tôle du four, et arroser de quelques gouttes d'huile de noix.
Cuire 25 minutes.
Verser les noix dans un saladier, et ajouter le sel et les épices.
Bien mélanger et laisser reposer au moins deux heures.
Placer les noix dans une passoire et secouer pour ôter l'excès de sel.
Les noix sont prêtes à être dégustées.
Conserver dans une boîte hermétique.

# Cake au foie gras

Préparation : 10 minutes
Cuisson : 45 minutes

Ingrédients
pour 8 personnes :
3 œufs
160 g de farine
5 g de levure chimique
5 cl d'huile de noix
10 cl de lait
100 g d'emmental râpé
30 g de noix hachées
130 g de magret fumé
2 tranches de foie gras cuit
(80 g environ)
Sel, poivre

Préchauffer le four à 180°C.

Dans un saladier, casser les œufs, les fouetter et ajouter la farine et la levure tamisées.

Incorporer progressivement l'huile et le lait.

Ajouter l'emmental râpé, les noix, saler et poivrer.

Effilocher le magret, l'incorporer à la préparation.

Couper le foie gras en dés, le fariner très légèrement, et l'intégrer délicatement à la pâte.

Verser la pâte dans un moule à cake, et cuire 45 minutes environ.

# Petites crèmes brûlées au foie gras

Préparation : 10 minutes
Cuisson : 20 minutes
Repos : au moins 2 heures

Ingrédients
pour une vingtaine de mises en bouche :
100 g de foie gras de canard cru
2 jaunes d'œuf
25 cl de crème fraîche
20 g de sucre roux
Fleur de sel

Préchauffer le four à 100°C.
Dans une casserole, porter la crème à ébullition.
Ajouter le foie gras coupé en morceaux et passer au mixer.
Hors du feu, ajouter les jaunes d'œuf un à un, saler et poivrer.
Verser dans des petits moules, et cuire au bain-marie 20 minutes.
Laisser refroidir à température ambiante, puis au réfrigérateur.
Au moment de servir, préchauffer le grill du four.
Saupoudrer les crèmes de sucre roux et passer sous le grill ou caraméliser au chalumeau.
Saupoudrer de fleur de sel et servir.

# Délice de luxe

Préparation : 10 minutes
Cuisson : 10 minutes

Ingrédients
pour 4 verrines
200 g de cerfeuil tubéreux
20 g de beurre
100 g de foie gras cuit
Sel
Fleur de sel

Éplucher le cerfeuil tubéreux, et le couper en dés.
Dans une casserole, faire fondre le beurre, verser les dés de cerfeuil tubéreux, saler et faire revenir à feu moyen 10 minutes environ.
Verser dans les verrines.
Couper le foie gras en lamelles, le déposer sur les verrines.
Ajouter une pincée de fleur de sel et servir.

Préparation : 10 minutes
Cuisson : 5 minutes
Repos : 1 mois

Ingrédients :
500 g de cèpes frais
Sel
2 échalotes
2 gousses d'ail
1 branche d'estragon
Grains de poivre
1 litre de vinaigre de vin

# Cèpes au vinaigre

Couper le bout terreux des cèpes et les rincer.

Les jeter dans l'eau bouillante bien salée pendant 5 minutes.

Égoutter et poser sur un linge ou du papier absorbant.

Répartir harmonieusement les aromates et les champignons dans les bocaux.

Couvrir de vinaigre.

Laisser reposer un mois.

# Rillettes de lapin

Préparation : 15 minutes
Cuisson : 1 heure
Repos : au moins 12 heures

Ingrédients :
2 cuisses de lapin (environ 500 g)
Huile d'olive
5 cl de porto
50 g de graisse de canard
Le jus d'un demi-citron
Sel, poivre
Bouillon de légumes instantané

Faire dorer les cuisses de lapin dans l'huile d'olive 5 minutes.
Préparer le bouillon de légumes.
Verser le bouillon de légumes et le porto sur le lapin et cuire à feu doux une heure environ.
Presser le citron, et filtrer le jus.
Quand le lapin est cuit, effilocher la chair dans un saladier, ajouter le jus de citron, saler et poivrer.
Mixer la moitié de la préparation, remettre le tout dans le saladier, et ajouter la graisse d'oie fondue. Bien mélanger à la fourchette, puis tasser la préparation dans une terrine.
Placer au frais jusqu'au lendemain.
Déguster sur du pain de campagne, grillé ou non.

# Pâté périgourdin

Préparation : 30 minutes
Cuisson : 2 heures
Temps d'attente :
Minimum 1 mois

Ingrédients
pour 6 bocaux de 200 g :
850 g de chair à saucisse
300 g de foie gras
1 truffe en bocal
12 g de sel
3 g de poivre

Dans un plat, bien mélanger la chair à saucisse avec 10 g de sel et 2 g de poivre.
Couper la truffe en 12 lamelles.
Ébouillanter vos bocaux, les sécher sur un linge propre.
Dénerver le foie (voir technique page 32), le saler, poivrer, et couper en 6 morceaux équivalents.
Dans le fond de chaque pot, placer une lamelle de truffe.
Ajouter environ 70 g de chair à saucisse, qu'il faut tasser avec les doigts.
Poser un morceau de foie gras, une lamelle de truffe, et recouvrir de chair à saucisse.
Bien nettoyer le rebord des bocaux, les fermer (veillez à utiliser des caoutchoucs neufs).
Placer dans un stérilisateur ou dans une cocotte minute, en séparant les bocaux par des torchons afin qu'ils ne s'entrechoquent pas.
Cuire 2 heures à ébullition dans le stérilisateur, ou une heure sous pression en cocotte.
Sortir les bocaux de l'eau, les laisser refroidir.
Ranger vos bocaux dans un endroit sec et à l'abri de la lumière.
Patienter quelques mois avant de déguster.

# Mousse de foie de volaille

Préparation : 15 minutes
Cuisson : 20 minutes
Repos : 4 heures minimum

Ingrédients :
400 g de foies de volaille
3 échalotes
120 g de beurre
1 œuf
Ciboulette
4 cs de crème fraîche
1 cc d'alcool (armagnac)

Éplucher les échalotes et les hacher.
Les faire fondre à feu doux dans une casserole avec 20 g de beurre.

Nettoyer les foies de volaille, les couper en morceaux.
Les faire revenir à feu vif dans 20 g de beurre pendant 5 minutes.
Pendant ce temps, cuire l'œuf 10 minutes dans une petite casserole d'eau bouillante.

Mixer les échalotes et les foies encore chauds, en ajoutant progressivement 80 g de beurre et le jaune d'œuf cuit.
Saler, poivrer. Ajouter la crème, l'alcool si vous le souhaitez, la ciboulette ciselée, et mixer une dernière fois pour obtenir une mousse homogène.

Verser la préparation dans une terrine, laisser refroidir à température ambiante, et réfrigérer au moins 4 heures.
Déguster avec du bon pain de campagne.

# Tourin périgourdin

Préparation : 10 minutes
Cuisson : 40 minutes

Ingrédients
pour 4 personnes :
2 à 3 oignons
4 gousses d'ail
2 cs de graisse de canard ou d'oie
20 g de farine
Bouquet garni
2 jaunes d'œuf
1 cc de verjus
Sel, poivre

Éplucher et émincer les oignons et l'ail.
Dans une marmite, faire bouillir 1.5 l d'eau.

Dans une poêle, faire fondre la graisse et faire revenir les oignons et l'ail , à feu doux, pendant 10 minutes environ. Ils doivent dorer mais pas roussir. Saupoudrer les oignons de farine. Bien mélanger, et verser une louche d'eau bouillante.

Transvaser la préparation dans la marmite, ajouter le bouquet garni et cuire 30 minutes à feu moyen.*
Saler, poivrer.

Battre les jaunes d'œuf avec un filet de verjus.
Juste avant de servir, ôter le bouquet garni, verser les œufs et fouetter.
Transvaser dans la soupière.
Servir sur des tranches de pain de campagne.

* Une variante consiste à ajouter 500 g de tomates, il faut simplement penser à les éplucher et les épépiner.

Remarque : il était de coutume de servir cette soupe traditionnelle aux mariés le soir des noces, excessivement poivrée…

Préparation : 15 minutes
Cuisson : 30 minutes

Ingrédients :
500 g de châtaignes en bocal
300 g de champignons (cèpes, pleurotes, girolles…)
2 cs de crème fraîche
Beurre ou graisse de canard
Sel, poivre

# Velouté aux châtaignes

Dans un faitout, porter un litre d'eau à ébullition.
Quand l'eau est chaude, verser les châtaignes, réduire le feu et cuire 30 minutes.
Saler et poivrer selon votre goût.
Pendant ce temps, nettoyer les champignons, les couper en morceaux, et les faire revenir à la poêle quelques minutes dans une cuillerée de beurre ou de graisse : ils doivent être croustillants. Saler, poivrer et réserver.
Passer les châtaignes au mixer, ajouter la crème, bien mélanger.
Réchauffer si besoin, et servir à l'assiette.
Ajouter les champignons et servir de suite.

# Velouté de potiron

Préparation : 15 minutes
Cuisson : 40 minutes

Ingrédients :
1 beau potiron
2 oignons
Graisse d'oie ou de canard
Sel, poivre
Crème fraîche (facultatif)

Couper un couvercle sur le dessus du potiron.
A l'aide d'une cuiller, récupérer la chair du potiron sans abîmer la peau du potiron. Si vous le souhaitez, vous pouvez conserver les graines pour les griller au four avec une pincée de sel.
Éplucher et couper les oignons.
Dans une marmite, faire dorer les oignons dans la graisse.
Ajouter la chair du potiron coupée en morceaux, ajouter un verre d'eau, couvrir et cuire 30 à 40 minutes environ. Saler et poivrer à votre convenance.
Mixer la préparation, et avant de servir ajouter la crème fraîche, plus ou moins selon votre goût.
Verser dans le potiron évidé, et servir.

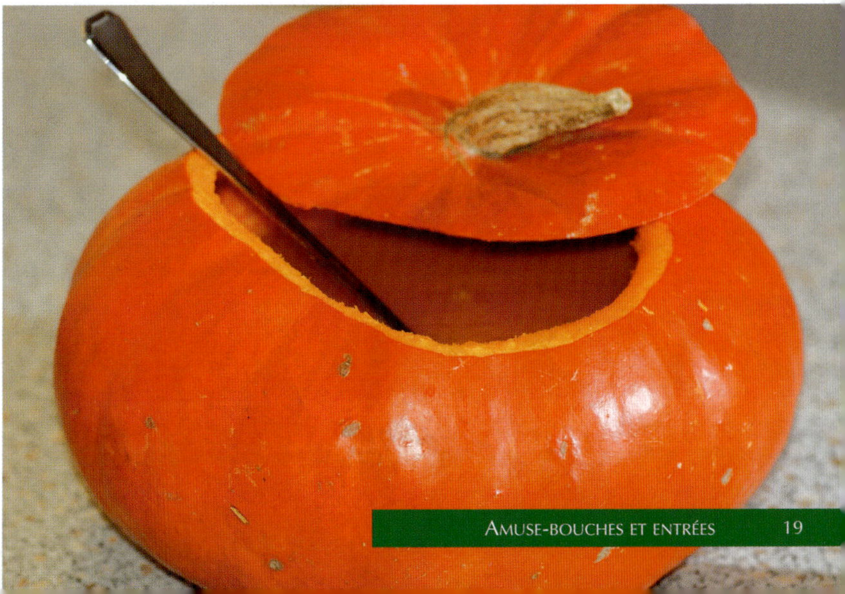

Préparation : 15 minutes
Cuisson : 20 minutes
Attente : 30 minutes

# Salade de pommes de terre

Ingrédients
pour 4 personnes :
600 g de pommes de terre
80 g de maïs
10 cl de vin blanc sec
2 cc de vinaigre
3 cs d'huile de noix
2 cs d'huile de tournesol
Persil, ciboulette
1/2 petit oignon
Sel, poivre

Brosser les pommes de terre, et les placer dans une casserole d'eau froide salée.
Porter l'eau à ébullition, et laisser cuire 20 minutes.
Éplucher les pommes de terre ; les couper en rondelles et les placer dans le plat de service.
Arroser de vin.
Préparer un vinaigrette : dans un bol, mélanger le vinaigre et l'huile, ajouter les herbes et l'oignon hachés ; saler, poivrer.
Verser la vinaigrette sur les pommes de terre ; ajouter le maïs et bien mélanger le tout.
Patienter environ 30 minutes, le temps que la sauce imprègne les pommes de terre.

# Salade du Périgord

Préparation : 10 minutes
Pas de cuisson

Ingrédients
pour 4 personnes :
4 tranches de foie gras
16 à 20 tranches de magret fumé
100 g de tomates cerise
50 g de cerneaux de noix
1 salade
1 cc de moutarde
1 cs de vinaigre
4 cs d'huile de noix
Sel, poivre

Laver et essorer la salade, et répartir les feuilles dans les assiettes de service.
Déposer une tranche de foie gras et 4 à 5 tranches de magret dans chaque assiette.
Couper les tomates en deux, et les poser sur la salade.
Répartir les cerneaux de noix
Préparer une sauce en mélangeant vivement dans un bol la moutarde, le vinaigre et l'huile. Saler, poivrer.
Placer les assiettes au frais jusqu'au moment de servir.
Verser la sauce sur la salade au dernier moment.

# Œufs à la coque parfumés à la truffe

Cuisson : 3 minutes
Attente : 24 heures

Ingrédients
pour 4 personnes :
4 œufs extra frais
1 truffe fraîche
Brisures de truffe (facultatif)
Pain
Sel, poivre

Placer la truffe fraîche dans une boite hermétique avec les œufs.

Laisser les œufs s'imprégner de la truffe pendant 24 heures.

Le lendemain, placer les œufs dans une casserole, recouvrir d'eau et cuire 3 minutes à partir de l'ébullition.

Servir dans un coquetier.

Casser la coquille des œufs, saler, poivrer, décorer de brisures de truffe si vous le souhaitez, et déguster avec des « mouillettes » de pain frais ou grillé.

# Œufs cocotte cèpes-châtaignes

Préparation : 15 minutes
Cuisson : 20 minutes

Ingrédients
pour 4 personnes :
4 œufs extra frais
20 cl de crème fleurette
100 g de cèpes frais
ou 60 g de champignons en bocaux
60 g de châtaignes cuites
10 g de beurre
Fleur de sel

Nettoyer les champignons, les émincer et les faire suer dans le beurre quelques minutes à la poêle.

Préchauffer le four à 180 °C, et préparer un bain-marie dans un grand plat à four ou dans la lèchefrite.

Couper les châtaignes.

Dans des ramequins allant au four, répartir les châtaignes et les champignons.

Faire bouillir la crème, saler, poivrer, et verser dans les ramequins.
Casser un œuf dans chaque ramequin, et cuire 15 minutes, le temps que le blanc d'œuf cuise.

Saupoudrer de fleur de sel et servir de suite.

# Omelette aux truffes

Préparation : 10 minutes
Cuisson : 5 minutes

Ingrédients
pour 2 personnes :
4 œufs
1 truffe fraîche
1 cs de graisse d'oie
4 cl de crème fraîche
Sel, poivre

Si possible, la veille, enfermer la truffe et les œufs dans un récipient hermétique.

Le jour même, séparer le jaune du blanc d'un œuf.
Battre les 3 œufs entiers plus le jaune au fouet. Ajouter la crème fraîche, saler, poivrer.
Battre le blanc d'œuf en neige, l'incorporer aux jaunes.

Brosser la truffe, la couper en lamelles et les incorporer aux œufs battus (en réserver pour le décor).

Faire fondre la graisse d'oie dans une poêle.
Quand la poêle est bien chaude, verser les œufs, cuire à feu vif.

Replier l'omelette et la glisser dans le plat de service.
Décorer l'omelette avec des lamelles de truffe.
Servir avec une salade.

# Foie gras en terrine

Préparation : 30 minutes
Cuisson : 40 minutes
Se prépare 3 jours avant de consommer

Ingrédients
pour une terrine :
1 foie gras de 500 g environ
2 g de poivre
10 g de sel fin
4 cs de vin doux

Faire tremper le foie gras dans un saladier rempli d'eau fraîche, pendant 3 heures environ.

Égoutter le foie, l'essuyer et le déveiner (voir page 32 recette ballotine).
Saler et poivrer le foie.
Ajouter l'alcool et le vin, et placer le foie dans un plat.
Le recouvrir de papier sulfurisé.
Laisser reposer une nuit au réfrigérateur.

Le lendemain, préparer la terrine en plaçant le plus petit lobe au fond de la terrine, et le recouvrir du gros lobe, face lisse sur le dessus.
Tasser bien avec la main, afin d'éviter les trous.

Préchauffer le four à 120°.
Préparer un bain-marie.
Couvrir la terrine de papier sulfurisé et enfourner pendant 40 minutes.

Sortir la terrine du four, et laisser refroidir à l'air ambiant pendant au moins une heure.

Pendant ce temps, préparer la presse : découper un carton de la taille de l'intérieur de la terrine, l'entourer de papier aluminium.
Couvrir la terrine de papier sulfurisé, installer le carton et poser un poids sur le carton (brique de jus de fruit par exemple).

Placer au réfrigérateur et patienter… 2 jours minimum.

Préparation : 40 minutes
Cuisson : 15 minutes
À préparer 2 jours à l'avance

Ingrédients :
1 foie gras extra de 600 g minimum
7 g de sel fin
2 g de poivre
2 cs de porto
1 cs d'alcool (armagnac, cognac…)
75 cl de lait
Film alimentaire épais
Ficelle de cuisine

# Foie gras en ballottine

Faire tremper le foie dans un mélange composé de 75 cl de lait et de 75 cl d'eau, pendant au moins trois heures.
Égoutter le foie, séparer les deux lobes et dénerver le foie : retirer le nerf principal, bien visible, mais également les veines et toutes leurs ramifications, en tirant dessus délicatement, en s'aidant d'un couteau, et d'une pince à épiler. Il ne faut pas craindre d'ouvrir le foie pour retirer toutes les veines, la cuisson du foie effacera toutes ces entailles.
Saler, poivrer, sucrer et arroser des alcools choisis.
Emballer le foie dans un film alimentaire, et le rouler pour obtenir la forme d'un saucisson.
Le foie doit être bien serré dans le film alimentaire.
Nouer les deux extrémités.
Filmer de nouveau dans la longueur, puis dans la largeur afin d'éviter que l'eau n'entre dans la ballottine pendant la cuisson.
Placer le foie au réfrigérateur pendant 12 heures, ou au congélateur si vous ne souhaitez pas cuire le foie le lendemain (ou si vous préparez plusieurs foies en même temps).
Le lendemain, préchauffer le four à 120°C.
Remplir un plat d'eau, et le placer au four.
Quand le bain marie est prêt, cuire le foie 18 minutes, en le retournant à mi-cuisson.
Plonger dans de l'eau glacée 10 minutes et placer au réfrigérateur.
Déguster votre ballottine à partir du lendemain.

Variante :

Il est possible de farcir le foie de truffes, de coquilles saint jacques, de langoustines, de figues…

Pour les saint jacques ou les langoustines, il suffit de les poêler 4 minutes dans 10 g de beurre ; laisser refroidir et placer entre les deux lobes de foie.

# Foie gras au sel

Préparation : 30 minutes
Pas de cuisson
Attente : 4 jours

1 foie gras de canard cru
600 g de gros sel
200 g de sucre en poudre
14 g de sel fin par kg de foie
4 g de poivre par kg de foie
1 cs d'armagnac

Gaze hydrophile
1 grande terrine
1 petite terrine

Laisser tremper la gaze hydrophile dans un bol d'eau chaude, puis l'égoutter sur un torchon propre.

Faire tremper le foie dans un saladier d'eau fraîche pendant 3 heures.
Égoutter le foie et le dénerver (voir page 32 recette ballotine).
Saler et poivrer le foie.
Mouiller la gaze avec l'alcool, et bien emballer le foie de gaze ; attention, il ne devra pas être au contact du gros sel !
Dans un grand saladier, mélanger le gros sel et le sucre.
Répartir la moitié du mélange sel-sucre au fond de la grande terrine, y déposer le foie emmailloté, puis le recouvrir du reste de mélange sel-sucre.
Fermer la terrine et la placer au frais pendant 12 heures.
Retirer le foie de son enveloppe de sel, et le déballer précautionneusement.
Placer le foie dans la petite terrine, bien le tasser.
Couvrir d'un film alimentaire, et placer un poids sur la terrine.

Placer la terrine au frais pendant 2 à 3 jours avant de déguster le foie, coupé en tranches.

Foie gras au sel

# Chutney aux figues
## (accompagnement du foie gras)

Préparation : 5 minutes
Cuisson : 20 minutes

Ingrédients
pour 8 personnes :
6 figues
1 échalote
2 cs de vinaigre
Cannelle
2 cc de miel
Sel, poivre
Piment d'Espelette

Éplucher et hacher l'échalote.
Couper les figues en morceaux.
Dans une casserole, placer tous les ingrédients en assaisonnant plus ou moins selon votre goût.
Cuire 20 minutes à feu moyen, en remuant régulièrement.
Laisser refroidir à température ambiante, puis placer au réfrigérateur jusqu'au moment de servir.
Ce chutney se conserve plusieurs jours au réfrigérateur.

Préparation : 30 minutes
Cuisson : 1 heure 30

Ingrédients :
400 g de pâte brisée
500 g de salsifis
5 escalopes de poulet (environ 600 g)
1 tomate
1 oignon
10 cl de vin blanc
Graisse d'oie
2 cs de farine
1 jaune d'oeuf

# Tourtière aux salsifis

Gratter les salsifis, les rincer à l'eau vinaigrée et les couper en 3.

Cuire les salsifis dans une casserole d'eau bouillante salée, 20 minutes environ. Vider l'eau de la casserole.

Couper les escalopes en morceaux, et les faire revenir dans la graisse d'oie pendant 10 minutes.
Éplucher et émincer l'oignon, l'ajouter dans la sauteuse.
Ajouter également la tomate coupée en dés, et le vin blanc.
Saupoudrer de farine, saler et poivrer.
Ajouter les salsifis et cuire 20 minutes à couvert.

Préchauffer le four à 190°C.
Séparer la pâte en deux. L'étaler en deux cercles.
Déposer le premier cercle de pâte dans un moule graissé.
Répartir la préparation, et recouvrir du deuxième cercle de pâte.
Pincer la pâte sur le pourtour pour bien souder les deux parties.
Créer une petite « cheminée » au centre pour évacuer la vapeur pendant la cuisson.

Diluer le jaune d'œuf avec une cuiller à soupe d'eau, et en badigeonner la pâte à l'aide d'un pinceau.
Enfourner et cuire 40 minutes.

Remarque : hors saison il est possible d'utiliser des salsifis en conserve.

Préparation : 15 minutes
Cuisson : 30 minutes

Ingrédients :
1 pâte brisée
10 g de beurre
300 g de champignons
2 échalotes
1 cuisse de canard confit
3 gros œufs
30 cl de crème fraîche
Sel, poivre
Ciboulette

# Quiche au confit de canard

Éplucher les échalotes et les couper.
Dans une poêle beurrée, faire dorer les champignons et les échalotes.
Dans une jatte, fouettez les œufs et la crème fraîche ; ajouter la ciboulette hachée, saler et poivrer.
Effilocher le confit.
Préchauffer le four à 190°C.
Étaler la pâte dans un moule à tarte, en piquer le fond avec une fourchette.
Répartir le confit, les champignons, et verser la préparation.
Enfourner 30 minutes.
Servir de suite avec une salade.

Préparation : 10 minutes
Cuisson : 35 minutes

Ingrédients :
3 échalotes
1 oignon
Graisse de canard ou d'oie
10 cl de vin blanc
25 à 30 cl de bouillon de volaille
1 truffe ou une boîte de pelures de truffe
2 cs de farine

# Sauce Périgueux

Éplucher les échalotes et l'oignon puis les hacher.
Dans une casserole, faire fondre une cuiller à soupe de graisse et y faire revenir les échalotes et l'oignon pendant 5 minutes à feu doux.
Saupoudrer de farine, mélanger.
Ajouter le vin blanc, mélanger à nouveau.
Diluer avec le bouillon, et laisser réduire la sauce de moitié à feu modéré pendant 30 minutes environ en mélangeant régulièrement.
Saler, poivrer, ajouter la truffe et servir en accompagnement d'une viande.

# Pavé de saumon aux noix

Préparation : 10 minutes
Cuisson : 12 minutes

Ingrédients
pour 4 personnes :
4 pavés de saumon
1 cs d'huile de noix
80 g de noix décortiquées
2 cs de verjus du Périgord
Sel, poivre

Huiler un plat à four, et déposer les pavés de saumon, côté peau contre le plat.
Arroser les pavés de verjus, saler et poivrer.
Préchauffer le four à 200°C.
Hacher les cerneaux de noix et les répartir sur le saumon.
Enfourner 12 minutes.
Servir avec un riz nature, des lentilles corail, des pommes de terre vapeur…

Préparation : 15 minutes
Dessalage : 12 heures
Cuisson : 45 minutes

Ingrédients
pour 6 personnes
1 kg de pommes de terre
800 g de morue salée
3 oeufs
1 gousse d'ail
Persil
2 cs d'huile
Poivre

# Gratin de morue

La veille, placer la morue salée dans un saladier rempli d'eau fraîche.
Couvrir et laisser au frais.
Renouveler l'eau 2 ou 3 fois.

Le jour même, éplucher les pommes de terre, les couper en quatre et les cuire 20 minutes à petits bouillons dans une grande casserole d'eau salée.
Remplir une autre casserole d'eau ; y placer la morue et porter à ébullition pendant 10 minutes. Égoutter la morue, l'émietter à la fourchette, ôter les arêtes.

Éplucher la gousse d'ail et la hacher.
Hacher le persil.
Mêler l'ail et le persil au poisson, mouiller avec une cuillerée d'huile.
Poivrer selon votre goût.
Égoutter les pommes de terre, et les écraser.
Séparer les blancs des jaunes d'œuf ; monter les blancs en neige.
Incorporer les jaunes un à un aux pommes de terre écrasées.
Ajouter le poisson, bien mélanger.

Préchauffer le four à 180°C.
Incorporer les blancs délicatement à la préparation.
Huiler un grand plat à gratin, ou 6 plats individuels, et enfourner pour 25 minutes.

Servir chaud avec une salade verte.

# Huîtres au foie gras

Préparation : 5 minutes
Cuisson : 3 minutes

Ingrédients
pour 3 à 4 personnes :
12 huîtres
100 g de foie gras cru
Gros sel

Préchauffer le four en position grill.
Ouvrir les huîtres et jeter l'eau.
Couper le foie gras en lamelles, et les déposer sur les huîtres.
Placer au four entre 3 et 4 minutes.
Placer quelques grains de sel sur les huîtres avant de servir.

Un mariage de saveurs qui peut sembler étonnant, mais qui est excellent !

Préparation : 5 minutes
Cuisson : 1 minute
Repos : 1 heure minimum

Ingrédients
pour 3 à 4 personnes :
12 huîtres
10 cl de vin de Bergerac
Poivre, sel
1 g d'agar agar

# Huîtres en gelée de Bergerac

Ouvrir les huîtres en vidant l'eau.
Pendant que vous les ouvrez, une deuxième eau se forme : la filtrer et la verser dans une casserole.
Ajouter 10 cl de vin dans la casserole, et saupoudrer d'agar agar.
Porter à ébullition une minute.
Saler légèrement, poivrer selon votre goût.
Placer les huîtres bien à plat dans une assiette, en les calant au besoin sur un lit de gros sel.
Verser la préparation sur les huîtres, et placer au réfrigérateur 1 heure au minimum.

Remarque : si vous le souhaitez, vous pouvez saupoudrer les huîtres de piment d'Espelette.

# Foie gras poêlé

Préparation : 15 minutes
Cuisson : 15 minutes

Ingrédients
pour 4 personnes :
1 foie de canard
1 belle grappe de raisins
1 cs de graisse d'oie
10 cl de verjus du Périgord
Farine

Éplucher les raisins.
Dans une poêle, faire fondre la graisse d'oie et y cuire les raisins 10 minutes à feu doux.
Répartir les raisins dans les assiettes.

Couper le foie en tranches d'un centimètre environ, et les fariner très légèrement.

Préchauffer le four à 60°C.
Chauffer une poêle, sans matière grasse, et y saisir le foie, 2 minutes par face.
Saler, poivrer.

Ôter l'excédent de gras avec un papier absorbant, et disposer dans les assiettes.
Placer les assiettes à l'entrée du four.
Déglacer la poêle avec 10 cl de verjus ; verser dans les assiettes et servir aussitôt.

# Gratin de pâtes à la manière du Périgord

Préparation : 10 minutes
Cuisson : 15 minutes environ

Ingrédients
pour 4 personnes :
400 g de pâtes au choix
200 g de gésiers de canard confits
20 cl de crème fraîche
3 cabécous
Sel, poivre

Cuire les pâtes « al dente » dans l'eau bouillante salée.
Égoutter et réserver.
Réchauffer les gésiers à la poêle pour en ôter le gras, les égoutter et les couper comme des lardons.
Dans un saladier, mélanger les pâtes, les gésiers et la crème fraîche ; saler, poivrer.
Préchauffer le four à 210°C.
Répartir la préparation dans un grand plat à gratin ou des plats individuels.
Couper les cabécous en dés, et les répartir sur les pâtes.
Faire gratiner au four 10 minutes.

# Cou d'oie farci

Préparation la veille : 30 minutes
Cuisson : 1 heure 30
Conservation : de quelques jours à plusieurs mois

Ingrédients
1 cou d'oie
400 g de chair à saucisse
100 g de foie gras cru
Gros sel
Graisse d'oie
Sel, poivre
1 pincée de 4 épices
Ficelle de cuisine

Trancher la peau du cou, en veillant bien à ne pas couper la chair.
Tirer sur la peau pour retourner le cou, comme on retire une chaussette.
Coudre une extrémité du cou avec une grosse aiguille et de la ficelle de cuisine.
Frotter le cou avec du gros sel, et placer au frais une nuit.
Mélanger la chair à saucisse, le foie gras, les épices, le sel et le poivre.
Réserver au frais jusqu'au lendemain.
Le lendemain, ôter l'excès de sel du cou, et remettre le cou à l'endroit.
Farcir le cou, et coudre la deuxième extrémité.
Cuire le cou dans la graisse d'oie (à feu doux afin d'éviter que la peau éclate), une heure trente environ ; le cou remonte à la surface quand il est cuit.
Égoutter le cou d'oie, le faire refroidir dans un pot de grès, et le couvrir de graisse fondue (vous pouvez également le placer au congélateur, emballé dans un papier sulfurisé, ou le stériliser dans un bocal adéquat).
Pour servir, couper en tranches, et servir froid avec du pain, ou chaud, avec des pommes de terre sarladaises ou une salade.

# Magret de canard aux abricots secs

Préparation : 20 minutes
Cuisson : 35 minutes

Ingrédients
pour 4 personnes :
2 magrets de canard
200 g d'abricots secs moelleux
1 échalote
2 cs de miel
1 cs de graisse de canard
Sel, poivre
Ficelle de cuisine

Préchauffer le four à 200°C.
Faire des croix dans la graisse des magrets (côté peau) avec la pointe d'un couteau.
Inciser un des magrets au centre, sur toute la longueur côté chair, et insérer 6 abricots coupés en deux.
Saler poivrer les deux magrets et les poser l'un sur l'autre.
Ficeler pour obtenir un rôti.
Placer le rôti dans un plat muni d'une grille, et cuire 40 minutes.
Retourner à mi-cuisson.
Pendant ce temps, préparer la sauce :
Hacher le reste des abricots et l'échalote.
Dans une casserole, faire fondre la graisse de canard et cuire à feu doux 10 minutes environ l'échalote, les abricots et le miel.
Pour servir les magrets, couper des tranches comme s'il s'agissait d'un rôti.
Servir avec la sauce et des pommes de terre à l'eau.

# Tomates farcies

Préparation : 20 minutes
Cuisson : 1 heure

Ingrédients
pour 4 personnes :
4 belles tomates bien mûres
50 g de chair à saucisse
100 g de foies de volaille, ou de blanc de poulet cuit
1 tranche de pain
1 gousse d'ail
1 œuf
Persil
Huile d'olive
Sel, poivre

Préchauffer le four à 180°C.

Couper la partie supérieure la tomate (côté queue).

Creuser les tomates à l'aide d'une petite cuiller, délicatement pour ne pas percer les tomates ; récupérer la chair, mais jeter le jus et les graines.

Saler et poivrer le fond des tomates, arroser d'huile d'olive, et les ranger dans un plat à four huilé ; cuire pendant 20 minutes.

Pendant ce temps, hacher les viandes avec la chair des tomates, la tranche de pain, l'ail, le persil, l'œuf. Saler, poivrer.

Garnir les tomates avec cette farce, poser le chapeau sur les tomates et cuire au four 40 minutes.

Servir avec du riz, du blé, ou du quinoa.

# Pintade aux cèpes

Préparation : 20 minutes
Cuisson : 1 heure 30

Ingrédients
pour 6 personnes :
1 pintade fermière
400 g de cèpes
2 échalotes
2 cs de graisse d'oie ou de canard
2 gousses d'ail
1 oeuf
1 tranche de pain
30 g de cerneaux de noix

Nettoyer les cèpes, les couper en morceaux.
Éplucher les échalotes et l'ail.
Dans une sauteuse, faire fondre une cuillerée à soupe de graisse, y faire revenir les échalotes et l'ail haché.
Ajouter les cèpes et les faire suer quelques minutes. Saler, poivrer.
Préchauffer le four à 220°C.
Mixer les cèpes, le pain et les noix.
Ajouter un œuf pour lier la préparation.
Farcir la pintade, puis la brider.
Placer la pintade dans un plat à four, et la badigeonner de graisse d'oie.
Rôtir la pintade 15 minutes au four.
Verser un grand verre d'eau tiède dans le fond du plat, baisser le thermostat à 200°C, et cuire pendant 1 heure 15 en arrosant de temps en temps la pintade avec son jus.
Déguster avec des pommes de terre à l'échirlète (voir recette page 89) et/ou une purée de potimarron.

Préparation : 20 minutes
Cuisson : 20 minutes

Ingrédients
pour 4 personnes :
4 fines escalopes de poulet
120 g de foie gras mi-cuit
20 g de beurre
15 cl de crème fraîche
Sel, poivre
Ficelle de cuisine

# Paupiettes de poulet au foie gras

Saler et poivrer les escalopes.
Placer 30 g de foie gras dans chaque escalope, la rouler et la ficeler.
Dans une sauteuse, faire fondre le beurre et y faire dorer les paupiettes à feu vif 3 minutes, en les retournant régulièrement.
Diminuer le feu, couvrir et poursuivre la cuisson 15 minutes.
Ajouter la crème fraîche et terminer la cuisson, le temps que la crème soit chaude.
Servir chaud avec des pâtes ou des légumes.

Préparation : 20 minutes
Cuisson : 35 minutes

Ingrédients
pour 4 personnes
4 cuisses de canard confit
1 kg de flageolets ou haricots blancs cuits (en bocal)
1 cs de graisse de canard
2 échalotes
3 gousses d'ail
Sel, poivre
2 cs crème fraîche
Persil

# Parmentier de canard confit

Ôter la peau des cuisses de canard, et en effilocher la chair : si besoin, réchauffer les cuisses de canard quelques minutes dans une sauteuse à feu doux pour rendre cette tâche plus aisée.
Éplucher et hacher les échalotes et l'ail.
Dans une sauteuse, faire revenir les échalotes et 2 gousses d'ail dans une cuiller à soupe de graisse de canard.
Ajouter la chair de canard, et chauffer à feu doux 15 minutes environ.
Préchauffer le four à 180°C.
Égoutter les haricots, et les réchauffer avec la crème fraîche, l'ail restant, saler et poivrer.
Passer au moulin à légumes (à défaut au mixer).
Graisser un plat à gratin, y verser la moitié de la purée de haricots, étaler la viande effilochée et terminer par le reste des haricots.
Cuire 20 minutes.
Décorer de persil haché, et servir aussitôt avec une salade assaisonnée selon votre goût.

# Poule au pot de Sorges

Préparation : 20 minutes
Cuisson : 3 heures

Ingrédients
pour 6 personnes :
1 belle poule, avec son foie
100 g de lard
1 tranche de pain de campagne
Graisse d'oie
Sel, poivre
500 g de carottes
500 g de pommes de terre
2 poireaux
3 navets
1 rutabaga
2 panais
1 oignon, 1 gousse d'ail
1 jaune d'œuf
Pour la sauce :
2 œufs
2 échalotes
2 cs de vinaigre
5 cs d'huile
Persil, ciboulette

Hacher le foie de la poule avec le lard, la tranche de pain émiettée, le persil, la gousse d'ail et le jaune d'œuf.
Saler et poivrer.
Farcir la poule et la brider.
Faire fondre la graisse d'oie dans un grand faitout, et y faire dorer la poule en la retournant régulièrement.
Quand la volaille est bien dorée, la couvrir d'eau chaude, saler, poivrer et cuire pendant une heure.
Pendant ce temps, éplucher tous les légumes et les couper en morceaux.
Après une heure de cuisson, ajouter les légumes dans le faitout et cuire pendant 1 heure 30 à 2 heures à feu moyen.

Dix minutes avant de servir, préparer la sauce de Sorges :
Prélever deux louchées de bouillon, les verser dans une petite casserole et y cuire 2 œufs pendant 3 minutes à petit bouillon.
Éplucher les échalotes et les hacher avec la ciboulette et le persil.
Casser les œufs, récupérer les jaunes dans la saucière et remettre les blancs à cuire dans le faitout.
Mélanger les jaunes avec le vinaigre et l'huile. Saler, poivrer.
Ajouter le hachis d'échalotes, et terminer en ajoutant les blancs d'œufs hachés.

# Cassoulet périgourdin

Préparation : 15 minutes
Attente : 1 heure
Cuisson : 2 heures 15

Ingrédients
pour 6 personnes :
800 g de haricots
6 saucisses de canard
6 cuisses de canard confit
2 carottes
2 gousses d'ail épluchées et hachées
200 g de lard fumé

Placer les haricots dans l'eau froide dans une casserole, porter à ébullition.
Stopper le feu et laisser reposer une heure.
Égoutter les haricots.

Éplucher les carottes et les couper en rondelles.

Couper le lard en gros morceaux, et les faire dorer dans un faitout.
Ajouter les haricots, les carottes, l'ail. Saler, poivrer et couvrir d'eau.
Cuire 1h30 à feu doux.

Ajouter les saucisses et poursuivre la cuisson 30 minutes.
Pendant ce temps, réchauffer le confit dans une sauteuse.

Préchauffer le four à 180°C.
Dans un plat à four en terre, répartir les haricots et le confit.
Saupoudrer de chapelure et tenir au chaud jusqu'au moment de servir.

# Lapin aux pruneaux

Préparation : 20 minutes
Cuisson : 1 heure 30

Ingrédients
pour 6 personnes :
1 lapin de 1.5 kg environ
250 g de pruneaux (une vingtaine)
75 cl de bouillon de volaille
200 g de lardons
2 oignons
2 cs de farine
50 g de beurre
2 cs d'huile
5 cl d'armagnac
1 bouquet garni
Sel, poivre

Découper le lapin.
Éplucher et émincer les oignons.
Dans une cocotte, chauffer 20 g beurre et y faire dorer les oignons 5 minutes ; les égoutter et les réserver.
Ajouter 30 g de beurre et l'huile dans la cocotte et y faire revenir les morceaux de lapin (excepté le foie) sur tous les côtés.
Saler, poivrer.

Pendant ce temps, plonger les lardons dans une petite casserole d'eau bouillante ; les laisser bouillir une minute puis les égoutter et les ajouter dans la cocotte.
Ajouter les oignons.
Verser l'armagnac dans la cocotte, et le faire flamber.
Préparer 75 cl de bouillon de volaille.
Saupoudrer les morceaux de lapin de farine, laisser dorer quelques instants puis mouiller avec le bouillon de volaille.

Ajouter le bouquet garni, couvrir et cuire à petite ébullition une heure.
Réhydrater les pruneaux dans un bol d'eau tiède, aromatisée à l'armagnac si vous le souhaitez.
Incorporer le foie et les pruneaux dans la cocotte, et terminer la cuisson, 20 minutes à feu doux.

Servir avec des pâtes fraîches ou des pommes de terre vapeur.

# Porc aux châtaignes

Préparation : 15 minutes
Cuisson : 2 heures

Ingrédients
pour 6 personnes :
1.5 kg d'échine de porc désossée
2 oignons
1 gousse d'ail
Graisse de canard
500 g de châtaignes cuites
Sel, poivre

Découper la viande en cubes.
Dans une cocotte en fonte, faire fondre la graisse de canard. Y faire dorer les cubes de viande à feu vif pendant 10 minutes environ, en les retournant souvent.
Vider l'excès de gras si besoin.
Ajouter un verre d'eau tiède, saler, poivrer.
Éplucher et hacher l'ail.
Éplucher et émincer les oignons.
Ajouter l'ail et les oignons dans la cocotte.
Couvrir et cuire à feu doux une heure trente.
Ajouter les châtaignes et poursuivre la cuisson 15 minutes.

Préparation : 10 minutes
Cuisson : 2 heures 30
Attente : 15 jours

Ingrédients
pour 8 personnes
2 kg de longe de porc désossée
5 gousses d'ail
800 g de saindoux
Sel, poivre
Thym
Ficelle de cuisine

# Enchaud

Éplucher les gousses d'ail.
Étaler la viande sur le plan de travail : saler, poivrer, parsemer de thym et répartir l'ail.
Rouler la viande en rôti, la ficeler, et la placer au réfrigérateur jusqu'au lendemain.
Dans une grande cocotte en fonte, faire fondre 100 g de saindoux, faire dorer le rôti 15 minutes à feu vif.
Baisser le feu puis poursuivre la cuisson 2 heures 15.
Égoutter le rôti et le mettre dans un pot en grès.
Filtrer la graisse de cuisson et la verser sur la viande ; faire fondre le reste de saindoux pour recouvrir complètement la viande.
Conserver 15 jours au frais.
Pour servir, ôter la graisse et servir avec une salade et des cornichons.

Il est possible de réaliser des conserves d'enchaud : quand le rôti est doré, le placer dans un bocal, couvrir de graisse et stériliser 2 heures.

Préparation : 25 minutes
Cuisson : 2 heures

Ingrédients
pour 4 personnes :
1 livre de carottes
3 poireaux
4 navets
1 oignon
Clous de girofle
1,5 kg de viande (palette, lard fumé)
300 g de farine de froment (ou 200 g de froment et 100 g de farine de maïs)
2 oeufs
1 sachet de levure de boulanger
1 cs de graisse d'oie
Sel

# Mique levée

Délayer la levure dans une verre d'eau tiède.

Pétrir à la main la farine avec la graisse, les œufs, le sel et la levure.

Vous devez obtenir une boule de pâte épaisse ; la saupoudrer de farine et la laisser reposer au chaud 2 heures, couverte d'un torchon.

Au bout d'une heure, éplucher les carottes et les navets ; les couper en morceaux. Nettoyer les poireaux et l'oignon. Piquer l'oignon de clous de girofle.

Faire chauffer de l'eau dans une grande marmite.

Y cuire la viande 30 minutes.

Ajouter les légumes et poursuivre la cuisson 30 minutes.

Quand la mique est bien levée, la plonger délicatement dans le bouillon et cuire 30 minutes en la retournant à mi-cuisson.

Égoutter la mique sur un torchon avant de la présenter sur le plat de service, autour de la viande et des légumes.

# Pot au feu de veau

Préparation : 15 minutes
Cuisson : 2 heures 30

Ingrédients
pour 5 personnes :
1 kg de quasi ou d'épaule de veau
2 gousse d'ail
500 g de carottes
3 poireaux
2 navets
Côtes de blettes
10 g de sucre
1 tranche de pain rassis
50 g de jambon
Persil
1 œuf

Éplucher les légumes.
Piquer le rôti d'une gousse d'ail et le ficeler.
Dans une cocotte, placer le rôti dans une grande quantité d'eau, et porter à ébullition.
Ajouter les légumes préparés, et cuire pendant deux heures à feu moyen.

Pendant ce temps, hacher le pain, le jambon, le persil et une gousse d'ail. Mouiller avec un peu de bouillon. Envelopper cette farce dans une feuille de chou. Ficeler et mettre à cuire dans le bouillon pendant 30 minutes.
Servir le bouillon en entrée, puis servir la viande en tranches, entourée des légumes.

# Gigot à l'ail

Préparation : 15 minutes
Cuisson : au moins 4 heures

Ingrédients pour 6 personnes :
1 gigot d'agneau
2 cs de graisse d'oie
40 à 50 gousses d'ail
Sel, poivre
3 cl d'armagnac (ou autre alcool)

Dans une cocotte, faire bouillir de l'eau et y plonger le gigot 15 minutes, puis l'égoutter.
Faire fondre la graisse dans la cocotte, et y faire revenir le gigot de tous les côtés.
Pendant ce temps, éplucher les gousses d'ail.
Quand le gigot est bien doré, verser l'armagnac et faire flamber.
Ajouter les gousses d'ail autour de la viande, saler, poivrer, verser 10 cl d'eau environ, pour couvrir l'ail, et cuire à couvert, à feu doux pendant 4 heures environ.
Servir avec des haricots secs et/ou une purée de pommes de terre.

# Daube de la Saint André

Préparation : 20 minutes
Cuisson : 7 heures

Ingrédients pour 6 personnes :
- 1.5 kg de bœuf (aloyau)
- 300 g de couennes de lard
- 200 g de lard
- 2 carottes
- 1 gousse d'ail
- 2 échalotes
- Persil
- 50 cl de vin rouge
- Bouquet garni
- Sel, poivre

Couper la viande en petites tranches peu épaisses.
Éplucher l'ail et les échalotes, et les hacher avec le persil et le lard.
Dans une cocotte en fonte, disposer les couennes, et couvrir d'une épaisseur de bœuf. Recouvrir du hachis de lard, et recommencer l'opération jusqu'à épuisement des ingrédients.
Éplucher les carottes, les couper en rondelles et les ajouter dans la cocotte.
Couvrir de vin rouge ; saler, poivrer, ajouter le bouquet garni.
Porter à ébullition, puis réduire le feu.
Laisser cuire à feu très doux pendant sept heures.
Servir avec des pommes de terre à l'eau, ou une purée.

# Tournedos Rossini

Préparation : 10 minutes
Cuisson : 10 minutes

Ingrédients
pour 4 personnes :
4 tournedos
250 g de foie gras cru
1 truffe
40 g de beurre
4 tranches fines de pain
3 cl de madère
Sel, poivre

Couper la truffe en rondelles.
Réserver.

Dans une poêle, faire fondre le beurre.
Quand il est chaud, cuire les tournedos des deux côtés.

Pendant ce temps, couper le foie en quatre escalopes, et les poêler à feu vif, sans ajouter de matière grasse.

Placer les tranches de pain dans les assiettes, y déposer les tournedos.
Poser le foie gras sur les tournedos, et décorer de rondelles de truffe. Saler, poivrer.
Déglacer le jus de cuisson des tournedos avec le madère, et verser dans les assiettes.

Servir avec des pommes de terre à l'eau, ou des tagliatelles.

# Champignons farcis

Préparation : 15 minutes
Cuisson : 20 à 25 minutes

Ingrédients
pour 4 personnes
8 gros champignons
2 échalotes
1 gousse d'ail
100 g de lard, de jambon ou de confit
Persil
2 cs d'huile de noix
1tranche de pain rassis
1 œuf

Nettoyer les champignons et séparer les têtes des pieds.
Plonger les têtes dans une casserole d'eau bouillante deux minutes.
Égoutter les têtes et les placer dans le plat à four, huilé.

Éplucher l'ail et les échalotes, les hacher avec le lard, les pieds des champignons, le persil, la mie de pain, l'œuf et une cuillerée d'huile. Saler et poivrer.

Préchauffer le four à 180°C.

Farcir les têtes des champignons.
Cuire au four 20 minutes environ.

Cette recette peut bien sûr être réalisée avec des cèpes.

# Darioles de cèpes

Préparation : 15 minutes
Cuisson : 30 minutes

Ingrédients :
350 g de cèpes
3 œufs
10 cl de crème fraîche
2 échalotes
10 g de beurre, de graisse d'oie ou de canard
2 tranches de pain de mie rassis
5 cl de lait

Préchauffer le four Th°6, et préparer un bain-marie.

Ôter la croûte du pain de mie, et faire tremper la mie dans le lait.

Nettoyer les champignons, puis les mixer avec les échalotes.
Dans une poêle, faire fondre 10 g de beurre ou de graisse, et faire cuire 5 minutes, le temps que les champignons perdent leur eau.
Essorer la mie de pain, et la mixer avec la crème fraîche.
Ajouter cette préparation aux champignons, saler, poivrer, et bien mélanger. Retirer du feu.

Battre les œufs au fouet, et les incorporer aux champignons.
Mélanger à nouveau, la préparation doit être homogène.
Beurrer les ramequins et répartir la préparation.
Mettre les moules au bain-marie et cuire 25 minutes.
Démouler. Servir chaud.

# Gratin de pommes de terre aux cèpes

Préparation : 15 minutes
Cuisson : 1 heure

Ingrédients
pour 4 personnes :
800 g de pommes de terre
300 g de cèpes frais ou surgelés
70 g d'emmental râpé
20 cl de crème fraîche
10 cl de lait
30 g de graisse d'oie ou de beurre
Sel , poivre

Éplucher les pommes de terre et les couper en tranches fines.
Remplir une casserole d'eau froide salée, et y placer les pommes de terre.
Porter l'eau à ébullition et cuire 10 minutes.
Égoutter les pommes de terre, les passer sous un filet d'eau froide et réserver.

Nettoyer les champignons et les émincer.

Dans une poêle, faire fondre 20 grammes de matière grasse et y faire revenir les cèpes environ 5 minutes. Saler, poivrer.
Préchauffer le four à 180°C.

Beurrer un plat à gratin, et monter le gratin en rangeant les rondelles de pommes de terre et en y intercalant les champignons.
Verser la crème fraîche, le lait et répartir le fromage râpé.
Cuire au four 45 minutes.

# Pommes de terre sarladaises

Préparation : 10 minutes
Cuisson : 30 minutes

Ingrédients
pour 4 personnes :
800 g de pommes de terre
2 cs de graisse d'oie
2 gousses d'ail
Persil, sel, poivre

Éplucher les pommes de terre, les couper en rondelles fines, les laver et les essuyer.
Éplucher les gousses d'ail.
Dans une sauteuse, faire fondre la graisse d'oie.
Quand la graisse est bien chaude, ajouter les rondelles de pommes de terre, et cuire 15 minutes à découvert.
Remuer régulièrement pour bien dorer les tranches.
Hacher l'ail et le persil et les répartir sur les pommes de terre.
Poursuivre la cuisson 15 minutes environ.
Saler, poivrer.

# Pommes de terre à l'échirlète

Préparation : 10 minutes
Cuisson : 40 minutes

Ingrédients
pour 4 personnes :
800 g de pommes de terre (pas trop grosses)
2 gousses d'ail
Fond de veau ou de bœuf déshydraté
1 cs de graisse d'oie ou de canard
Sel

Éplucher les pommes de terre, les laver.
Placer les pommes de terre dans une casserole contenant 10 cl d'eau, un cube de fond de veau ou de bouillon de bœuf, 2 gousses d'ail. Cuire à couvert et à feu très doux 20 minutes environ, les pommes de terre doivent absorber le liquide de cuisson.
Dans une poêle, faire fondre la graisse d'oie, ajouter les gousses d'ail cuites et y faire dorer les pommes de terre en les retournant régulièrement.
Après 20 minutes environ, les pommes de terre sont dorées, croustillantes et fondantes.

# Légumes d'été à la périgourdine

Préparation : 10 minutes
Cuisson : 15 minutes

Ingrédients
pour 4 personnes :
2 carottes
1 bulbe de fenouil
1 aubergine
1 courgette
1 oignon
1 poivron
1 gousse d'ail
50 g de graisse d'oie
Sel, poivre

Éplucher et laver les carottes ; les couper en bâtonnets.

Laver le fenouil, le couper en 8 morceaux.

Laver l'aubergine et la courgette, les couper en rondelles.

Éplucher le poivron, le couper en lamelles.

Éplucher l'oignon et la gousse d'ail, les émincer.

Dans une grande sauteuse, faire fondre la graisse d'oie et y faire dorer les légumes à feu vif, puis diminuer le feu et laisser cuire 15 minutes environ.
Conseil : procéder en deux fois pour bien dorer les légumes.

# Purée aux truffes

Préparation : 10 minutes
Cuisson : 20 minutes

Ingrédients
pour 4 personnes :
1 kg de pomme de terre
50 g de beurre
(ou de graisse d'oie)
20 cl de lait entier
1 truffe
Sel, poivre

Éplucher les pommes de terre, les laver et les couper en deux.
Remplir une casserole d'eau froide, saler, ajouter les pommes de terre ; porter à ébullition et cuire 20 minutes environ.
Égoutter les pommes de terre, les passer au moulin à légumes.
Chauffer le lait, émincer la truffe et la faire infuser dans le lait.
Remettre les pommes de terre écrasées dans la casserole, et incorporer peu à peu le beurre, le lait et la truffe hachée.
Rectifier l'assaisonnement et servir.

# Pâtes aux truffes

Préparation : 10 minutes
Cuisson : 10 minutes

Ingrédients pour 4 personnes :
- 350 g de tagliatelles fraîches
- 1 cs d'huile d'olive ou 10 g de beurre
- 15 cl de crème fraîche
- 1 truffe
- Sel

Dans un grand faitout, cuire les tagliatelles dans un grand volume d'eau bouillante salée, environ 5 minutes.
Dans une grande sauteuse, réchauffer à feu doux la crème fraîche, la truffe coupée en lamelles.
Saler, poivrer.
Égoutter les tagliatelles, les humecter d'un filet d'huile ou incorporer 10 g de beurre et mélanger.
Ajouter les pâtes dans la sauteuse et mélanger délicatement le tout.
Servir de suite.

# Panier feuilleté au cabécou

Préparation : 10 minutes
Cuisson : 25 minutes

Ingrédients
pour 5 personnes :
200 g de pâte feuilletée
5 cabécou
30 g de noix
10 g de beurre
1 œuf

Étaler la pâte feuilletée, et découper 5 carrés de 12 cm de côté.
Préchauffer le four à 190°C.
Mixer les noix en une poudre fine.
Répartir la poudre de noix sur les carrés de pâte.
Poser les fromages et replier les coins des carrés sur le fromage.
Casser l'œuf dans un bol et le battre à la fourchette.
Avec un pinceau, dorer la pâte à l'œuf ; les quatre coins doivent être soudés.
Beurrer une tôle à pâtisserie, et y poser les feuilletés.
Cuire 25 minutes.
Servir chaud avec une salade.

# Poires gratinées au cabécou

Préparation : 15 minutes
Cuisson : 20 minutes

Ingrédients
pour 4 personnes :
2 poires pas trop fermes
4 cabécous
50 g de lardons fumés
30 g de raisins secs
Huile de noix
Sel, poivre

Faire revenir les lardons à feu vif à la poêle.
Dans un saladier, couper les fromages en dés, mélanger aux lardons et aux raisins secs.
Éplucher les poires, les couper en deux et ôter les pépins. Couper la base de la demi-poire afin qu'elle reste stable durant la cuisson.
Préchauffer le four à 180°C.
Répartir la préparation sur les demi-poires, saler, poivrer et arroser d'un filet d'huile de noix.
Enfourner 15 minutes, puis passer au grill quelques secondes pour dorer le fromage.
Servir chaud avec quelques feuilles de salade.
Une alternative au choix fromage ou dessert…

# Pommes de terres farcies au cabécou

Préparation : 15 minutes
Cuisson : 40 minutes

Ingrédients :
2 grosses pommes de terre (type Samba)
4 cabécous
Sel, poivre

Brosser les pommes de terre, et les cuire à l'eau frémissante pendant 20 minutes.

Couper les pommes de terre en deux, extraire la chair à l'aide d'une cuiller, sans abîmer la peau.

Préchauffer le four à 180°C.

Écraser à la fourchette la chair de pomme de terre et les cabécous.
Saler légèrement, poivrer, et remplir les pommes de terre du mélange.

Cuire les pommes de terre au four environ 20 minutes, passer en position grill si besoin une minute pour dorer le fromage.

Servir avec une salade à l'huile de noix.

Huile
Noix

# Biscuits aux châtaignes

Préparation : 30 minutes
Cuisson : 15 minutes environ

Ingrédients :
80 g de beurre
60 g de sucre en poudre
40 g de crème fraîche
200 g de farine
1 cs de liqueur de châtaigne (facultatif)
120 g de châtaignes épluchées, sous vide

Faire fondre 70 g de beurre à feu doux dans une casserole ou un récipient allant au micro-ondes.
Dans une terrine, mélanger le sucre, le beurre fondu, la crème fraîche.
Ajouter la farine et la liqueur de châtaigne.
Mixer brièvement les châtaignes (ou les écraser à la fourchette) ; les ajouter à la préparation.
Préchauffer le four à 185°C.
Beurrer une tôle à pâtisserie.
Former les biscuits à la main, ou à la poche à douille munie d'une douille cannelée.
Cuire 15 minutes environ, les biscuits doivent dorer légèrement.
Laisser refroidir les biscuits sur une grille, et les ranger dans une boîte hermétique. Ils se conserveront ainsi plusieurs jours.

# Croquants aux noix

Préparation : 15 minutes
Repos : 30 minutes
Cuisson : 30 minutes

Ingrédients :
2 œufs
80 g de sucre
15 g de sucre vanillé
150 g de farine
180 g de cerneaux de noix
1 cc de fleur d'oranger
10 g de beurre (ou papier sulfurisé)

Dans une jatte, battre les œufs et les sucres.

Ajouter progressivement la farine, puis les noix hachées et la fleur d'oranger. Laisser reposer la pâte 30 minutes au réfrigérateur.

Fariner votre plan de travail, et y étaler la pâte au rouleau, jusqu'à ce qu'elle fasse 1 centimètre d'épaisseur.

Préchauffer le four à 160°C.

Beurrer une plaque à pâtisserie, ou découper le papier sulfurisé aux dimensions de la plaque de cuisson.
Découper la pâte en rectangles d'un centimètre sur cinq environ, ou avec des emporte-pièces, et les étaler sur la plaque de cuisson.
Cuire 30 minutes.

Décoller de la plaque et laisser refroidir sur une grille.

# Noix caramélisées

Préparation : 5 minutes
Cuisson : 10 minutes

Ingrédients :
125 g de cerneaux de noix
125 g de sucre
25 g de beurre

Préchauffer le four à 140°C.

Étaler les noix sur du papier sulfurisé, bien séparées, et les cuire 5 minutes.

Dans une casserole, faire fondre le sucre et le beurre à feu doux, puis porter à ébullition.

Laisser bouillir sans remuer, jusqu'à atteindre une belle couleur caramel.

Retirer du feu et plonger les noix dans la casserole, en remuant bien pour que toutes les noix soient enrobées de sucre.

Étaler les noix sur du papier sulfurisé jusqu'à complet refroidissement.

# Crème aux noix

Préparation : 10 minutes
Cuisson : 5 minutes
Refroidissement :
au moins deux heures

Ingrédients :
2 jaunes d'œufs
50 cl de lait
80 g de sucre en poudre
30 g de farine de maïs
10 cl de crème fraîche
60 g de cerneaux de noix

Dans une casserole, porter le lait à ébullition, puis laisser de côté.
Dans une terrine, fouetter les jaunes d'œufs et le sucre jusqu'à ce que le mélange blanchisse.
Ajouter la farine de maïs, et bien mélanger.

Verser petit à petit le lait dans le mélange en remuant sans cesse, et transvaser dans une casserole.

Cuire à feu doux cinq minutes environ, en remuant régulièrement, la crème épaissit et doit napper la cuiller.
Laisser refroidir à température ambiante.

Hacher les noix (en réservant 6 cerneaux pour le décor), et les ajouter à la crème. Placer la crème au frais.

Au moment de servir, battre la crème fraîche en chantilly, l'incorporer délicatement à la crème pâtissière, et verser dans les verrines.
Décorer avec les cerneaux de noix.

Préparation : 30 minutes
Repos de la pâte : 1 heure
Cuisson : 20 minutes

Ingrédients :
380 g de farine
50 g de sucre en poudre
½ sachet de levure
3 œufs
30 g de beurre
1 cc de fleur d'oranger
1 cc de rhum
5 à 10 cl de lait
Huile de friture
Sucre glace

# Merveilles

Dans une jatte, mélanger 350 g de farine, le sucre et la levure.
Ajouter les œufs un à un.

Faire fondre le beurre, et l'incorporer à la pâte, ainsi que la fleur d'oranger et le rhum.

Pétrir la pâte à la main jusqu à l'obtention d'une belle boule de pâte ; selon sa consistance, ajouter plus ou moins de lait, la pâte doit pouvoir être étalée.
Laisser reposer la pâte au moins une heure.

Sur un plan de travail fariné, étaler la pâte au rouleau sur une épaisseur de 4 mm environ.

Couper des rectangles de pâte, et avec la pointe d'un couteau, faire des incisions en croix à l'intérieur du rectangle.
D'autres formes sont possibles, selon votre imagination : losange, rond, cœur…

Frire les merveilles dans l'huile bien chaude, par petites quantités, une minute environ ; les retourner avec une écumoire, laisser dorer l'autre côté, et égoutter sur un papier absorbant.

Saupoudrer de sucre glace. Servir de suite.

# Cake à la châtaigne et aux noix

Préparation : 10 minutes
Cuisson : 50 minutes

Ingrédients :
150 g de farine de blé
50 g de farine de châtaigne
120 g de beurre
80 g de sucre
½ sachet de levure
3 œufs
120 g de noix épluchées
3 cs de miel

Dans une jatte, mélanger le sucre et le beurre ramolli (s'il sort du réfrigérateur, le passer 5 à 10 secondes au four micro-ondes).

Ajouter les farines, la levure, le miel, puis les œufs un à un.

Préchauffer le four à 180°C.

Mixer les noix grossièrement, et les ajouter à la pâte.

Beurrer un moule à cake, et y verser la pâte.

Cuire environ 50 minutes.

Démouler sur une grille, et laisser refroidir.

# Daudines

Préparation : 5 minutes
Cuisson : 4 minutes

Ingrédients
pour 4 personnes :
Pain (un peu rassis de préférence)
2 œufs
20 cl de lait
2 cs d'huile ou 20 g de beurre
Sucre poudre
Sucre vanillé

Couper des tartines d'un centimètre d'épaisseur environ.

Dans un plat creux et large, battre les œufs et le lait.

Préchauffer une poêle et y faire chauffer l'huile (ou le beurre).

Tremper les tartines dans la préparation, et quand elles sont bien imbibées, les poser dans la poêle bien chaude ; cuire deux minutes de chaque côté, et placer dans une assiette.

Saupoudrer de sucre poudre et de sucre vanillé.

# Tartelettes caramélisées aux noix

Préparation : 20 minutes
Cuisson : 35 minutes

Ingrédients :
Pour la pâte sablée :
200 g de farine
100 g de beurre
50 g de sucre en poudre
1 jaune d'œuf
Pour la garniture :
120 g de sucre
15 cl de crème fraîche
2 cs de miel
50 g de beurre
200 g de cerneaux de noix

Dans une jatte, verser la farine, et y faire un puits.
Ajouter le sucre, le jaune d'œuf et le beurre coupé en petits morceaux. Mêler les ingrédients à la main, jusqu'à l'obtention d'une boule de pâte.
Envelopper la pâte dans un papier alimentaire et la placer au frais au moins 30 minutes.
Préchauffer le four à 180°C.
Étaler la pâte au rouleau (sur un papier sulfurisé si vous en avez) et foncer les moules à tarte.
Piquer la pâte à la fourchette, et la couvrir de poids de cuisson (ou de haricots secs).
Cuire au four 20 minutes.
Pendant ce temps, dans une casserole, faire fondre le sucre avec une cuillerée d'eau. Porter à ébullition, sans remuer.
Quand le sucre commence à caraméliser, ajouter le miel, le beurre coupé en morceaux et la crème fraîche.
Maintenir un petit bouillon environ 3 minutes, puis retirer du feu.
Incorporer les noix, bien mélanger.
Sortir la pâte du four, ôter les poids et répartir harmonieusement les noix sur la pâte.
Enfourner pour 10 minutes. Laisser refroidir avant de servir.
Si vous n'avez pas de moules à tartelettes, il est possible de réaliser cette recette dans un grand plat à tarte.

# Fondant aux noix

Préparation : 20 minutes
Cuisson : 30 minutes

Ingrédients :
3 œufs
170 g de cerneaux de noix
110 g de beurre
130 g de sucre
30 g de farine
5 cl d'armagnac (facultatif)
Sucre glace pour décorer

Hacher les cerneaux de noix.
Dans une terrine, travailler 100 g de beurre et le sucre (si le beurre sort du réfrigérateur, le passer 10 secondes au four micro-ondes).
Incorporer successivement la poudre de noix, la farine et les œufs un à un.
Ajouter l'armagnac si vous le souhaitez.
Beurrer un plat allant au four (pas trop grand, ce gâteau est meilleur s'il est assez épais).
Verser la pâte et enfourner pour 30 minutes.
Laisser tiédir le fondant avant de le démouler, et saupoudrer de sucre glace.

# Poires au vin

Préparation : 10 minutes
Cuisson : 40 minutes
Repos : quelques heures, voire une nuit

Ingrédients
pour 4 personnes :
4 poires fermes
300 g de sucre en poudre
1 bâton de cannelle
50 cl de vin rouge de Bergerac

Éplucher les poires.
Dans une casserole, dissoudre le sucre dans le vin, et porter doucement à ébullition.
Ajouter les poires et la cannelle, et laisser mijoter 20 minutes en retournant les poires de temps en temps.
Égoutter les poires et les placer dans le plat de service.
Faire réduire le jus de cuisson 20 minutes à découvert.
Verser le sirop obtenu sur les poires et laisser refroidir.
Servir avec des petits biscuits.

# Fraises au Monbazillac

Préparation : 10 minutes
Pas de cuisson
Attente : 1 heure

Ingrédients pour 4 personnes :
250 g de fraises
50 cl de Monbazillac (ou autre vin blanc liquoreux)
20 cl de crème fleurette
50 g de sucre

Équeuter les fraises et les couper en deux.

Les placer dans des coupes individuelles.

Verser le vin dans les coupes et placer au réfrigérateur.

Préparer une crème chantilly :

Si vous avez un siphon, verser la crème fraîche et le sucre et placer le siphon au réfrigérateur pendant une heure.

Si vous n'en avez pas, fouetter la crème fraîche et le sucre jusqu'à ce que la crème soit prise.

Juste avant de servir, décorer les coupes de crème.

# Sabayon aux fraises

Préparation : 10 minutes
Cuisson : 12 minutes

Ingrédients
pour 4 personnes :
400 g de fraises
3 jaunes d'œuf
10 g de beurre
20 cl de Monbazillac
30 g d'amandes mondées
65 g de sucre

Rincer les fraises, les égoutter et les équeuter ; couper les plus grosses en deux.

Beurrer des ramequins individuels et y ranger les fraises.

Hacher grossièrement les amandes.

Préparer un bain marie : chauffer de l'eau dans une casserole, et y poser un saladier en verre (le fond du saladier doit être dans l'eau).

Préchauffer le four en position grill.

Dans le saladier, fouetter les jaunes d'œuf et le sucre ; lorsque le mélange devient mousseux, ajouter progressivement le vin, toujours en fouettant. Laisser épaissir 10 minutes environ.

Verser le sabayon sur les fraises, répartir les amandes et passer au grill 2 à 3 minutes. Servir aussitôt.

# Confiture de pruneaux

Préparation : 20 minutes
Cuisson : 30 minutes
Attente : 12 heures

Ingrédients
pour 5 pots :
1 kg de pruneaux
Thé
600 g de sucre

Préparer un litre de thé fort.

Dénoyauter les pruneaux, et les faire tremper dans le thé pendant 12 heures.

Cuire les pruneaux et le thé pendant 15 minutes environ.

Égoutter les pruneaux (conserver 10 cl de jus) et les passer au moulin à légumes.

Dans la bassine à confiture, dissoudre le sucre dans le jus de cuisson conservé. Porter ce sirop à ébullition, jusqu'au petit boulé (115°C).

Verser la purée de pruneaux, laisser bouillir 10 minutes en remuant.
Ébouillanter les pots, les sécher.
Verser la confiture dans les pots.

Variante : vous pouvez parfumer cette confiture en ajoutant une cc de cannelle.

# Confiture de châtaignes

Préparation : 20 minutes
Cuisson : 1 heure

Ingrédients
1 kg de châtaignes
700 g de sucre
Une gousse de vanille

Inciser la peau des châtaignes, et les plonger dans une casserole d'eau bouillante.

Cuire pendant 5 minutes, et égoutter au fur et à mesure pour éplucher les châtaignes intégralement.

Remettre les châtaignes épluchées à cuire dans de l'eau, 30 minutes à feu moyen.

Égoutter les châtaignes et les passer au moulin à légumes.

Dans la bassine à confiture, préparer un sirop avec 20 cl d'eau, le sucre et la vanille.

Porter le sirop à ébullition.

Incorporer la purée de châtaignes, cuire entre 20 et 30 minutes.

Ôter la gousse de vanille, et mettre en pots.

# Vin de noix

Préparation : 10 minutes
Attente : plusieurs mois !

Ingrédients :
15 noix vertes
3 litre de vin rouge (Bergerac)
70 cl d'alcool de fruit
750 g de sucre
1 gousse de vanille (facultatif)

Couper les noix en morceaux, et les placer dans une bonbonne en verre. Verser le vin, l'alcool, le sucre et la gousse de vanille.

Remuer et fermer la bonbonne.

Laisser macérer 3 à 4 mois (plus si vous êtes patient) en remuant de temps en temps.

Filtrer, mettre en bouteilles, et patienter à nouveau quelques semaines avant de consommer avec modération.

La période idéale pour cueillir les noix se situe entre la St Jean (le 24 juin) et la mi juillet. En réalité, cela varie avec la situation du noyer, et la météo ! Les noix doivent se couper sans forcer, sinon le vin sera amer.

# Table des recettes

## Amuse-bouches et entrées



## Sauce



## Poissons



## Plats

## *Accompagnements*



## *Fromage*



## *Desserts*

La Roque Gageac - Dordogne. Photo Gilles Marchand


Imprimé par Pollina Luçon 85 n° d'impression : L60736

Imprimé en France